覺

冥想・地球和平 心詩

出版緣起

在佛經中記載著，在地球剛形成時，光音天的天神，被美麗的地球所吸引，從天上來到地球，也就是人類的祖先。彩虹不但是世界共同的吉祥象徵，在佛法中成證虹光身，更是殊勝的成就。

虹彩光音系列，結集了地球禪者洪啓嵩禪師所修造的法要偈頌、詩詞，傳承古代大成就者「道歌」的傳統，將修法心要，總攝於短短的詩篇中。是修行者的無上寶藏，更是現代人智慧的心靈活泉。

在這個輕、薄、短、小的時代，虹彩光音系列，以別出心裁的版型和視覺設計，希望為繁忙、緊張的現代人，在紛擾的塵世中，打造隨身的心靈淨土，在短暫、瑣碎的時光中，都能創造生命最大的價值。

祝福您時時安住在如虹彩般美麗的清淨自性，成證虹光身，圓滿成佛！

目錄

出版緣起　02
序　冥想．地球和平—邁向幸福地球新紀元　06
第一篇　地球七願
一、文明地球．大同18　二、幸福地球．喜悅24
三、和平地球．吉祥30　四、覺性地球．明悟36
五、圓滿地球．淨土43　六、心的地球．正念50
七、宇宙地球．普覺56

第二篇〈冥想・地球和平〉禱詞

冥想・地球和平 禱詞（中文完整版） 62
冥想・地球和平 禱詞（中文短版） 76
Earth Peace Meditation (long version) 86
Earth Peace Meditation (short version) 94

第三篇 大佛行動・覺性雲端

一、大佛之心 100
二、大佛的誕生 108

跋 大佛的心願 124

序　冥想‧地球和平

——邁向幸福地球新紀元

人是在整個宇宙與法界的歷史中，發展出的一個特殊樣貌，而這樣貌在這當下就是這樣存在著。現在我們存在了，從這個存在的立場來反觀我們自身，我們才能覺悟，才能夠覺察。

從有意義的人類出現之後，到現代人間的整個過程中，透過文化不斷的累積，不只在量上的不斷增長，生活的空間也不斷改變。然而，人類的文明在這過程中，是否產生質上的變化？還是只是量上的增加？人類的感官享受雖然在量上不斷的積累增長，但人的品質有時看來並沒有相當的提昇。在廿一世紀，我們必須深思反視，人類文明自身：在我們所創造的外在世界，還沒完全淹沒我們之前，昇華人類文明，創造新的光明紀元。

人類只有建立偉大的夢想，以覺性的智慧來勾勒未來的美夢，並超越實踐，人間的未來才有希望在。二〇一五年，我曾以幸福地球三部曲，來建構這個美麗的夢想：

一、覺性地球：人文化成，悟眾覺盛

集合人類文化與慈悲，提昇心靈，成為地球共覺體，使地球成為宇宙中最佳的覺性學習型的星球，也是未來十方世界學習覺性教育的基地。

二、淨土地球：淨土人間，永續康寧

一九八九年，我提出「修補地球」及「三世的環保觀」思想，在人類耗用地球資源殆盡，危及自身生存的今日，以過去、現在、未來三世的宏觀，來思維大地資源的使用，才是永續發展之道。當我們在使用地球：地、水、火、風、空五大的資源時，不是只有消耗使用，更希望能使其永續存有，甚至增益和諧、清淨圓滿，成為美麗的地球曼荼羅。

三、宇宙地球：文明覺性，先航宇宙

很快的，人類即將進入太空世紀，人類即將和宇宙間其他的生命相接觸。未來是「星際大戰」的時代？或是「宇宙共榮」的時代？必須從現在開始。一九八〇年代，我提出「太空禪定學」與「太空經濟學」，二〇〇九年，我在哈佛醫學院麻州總醫院（MGH），為致力於太空發展的科學家們，講授「放鬆禪法」（Relaxation Zen），為太空人的身心乃至未來人類長途的星際旅行身心做好準備。讓我們所搭乘的地球太空船，成為最美麗的星球，為宇宙帶來永續的和平與幸福！

地球七願，共創黃金新世紀

依於以上的架構，我在本書中，進一步提出七個願景，來實踐新的人類文明：

一、文明的地球

尊重與發展地球上所有國家與地域的文化傳統，消除文化的隔閡與執著，創造地球整體的文化認同，泯除文化界線，以和解的、開放的態度，創發大同的世界，邁向全新的地球文明。

二、幸福的地球

人類如何在地球上，以共同的心願，來創造自身與他人的幸福，讓地球人間成為共創人類幸福的居所，依於因緣一步一步的邁向幸福地球的新紀元。

三、和平的地球

不再有仇恨、戰爭，深厚的善心智慧，讓自己與自己，自己與親人、朋友，所有的人，不同的社群、城市、國家，都能放下對立，沒有敵者，實踐和平的地球。

四、覺性的地球

善用所有人類文化的精華，讓所有的人類深層覺悟，讓自己的身心有著更圓滿的發展，智慧、慈悲、歡喜、和諧，共同邁向每一個人快樂覺醒的覺性地球。

五、圓滿的地球

讓我們與地球母親，有著永續的對話與寬容，讓我們的心與身，心與境做最深層和諧的對話，讓地球的環境生態能永續發展，讓人類在圓滿的地球上，創造永續的文明。

六、心的地球

回到地球最深層的心，用智慧、慈悲去體會，地球與人類與一切生命的關係，只有最深層的和諧與和融，才能開創地球光明的未來。

七、宇宙的地球

在新的地球時代，地球太空船，即將啓航，在這未來的星系世紀中，如何讓覺性的地球參與覺性宇宙的發展，讓我們在無盡的宇宙中，扮演正向的角色，開創光明的宇宙文明，這個世紀，正是創新地球與參與宇宙文明的時代！

「冥想．地球和平」：無國界和平運動

本書第二篇「冥想．地球和平」禱詞，是本書的核心精神。這是大佛的心願，也是完成幸福地球願景的具體行動。中、英文禱詞分為長版和短版，時間充裕時可讀誦完整的長版，忙碌時也可讀誦精簡的短版。「冥想．地球和平」，是一個無國界的和平運動，希望透過每一個人在世界各地，此時、此地、此人，用自己國家的語言，透過不斷地讀誦「冥想．地球和平」禱詞，使自身在家庭、公司、社會上，都成為一個個正向的能量體，在人間的每個角落發光發熱，不斷地散發覺悟自心、和平地球的正念，不斷地幫助人間向上昇華，圓滿地球七個美麗的願景！

大佛行動，覺性雲端

面對現實不圓滿的人間，我們如何完成地球七個美麗的願景？二〇〇一年，巴米揚大佛被戰火炸毀。我思惟著，永遠的和平者－佛陀，會如何面對這一切？

我決定一個人獨力完成166公尺X72.5公尺，面積逾十二萬平方公尺的大佛畫，來彰顯佛陀永遠的和平、智慧與慈悲的心念，以大佛做為覺性雲端（Awakening Cloud），祈願完成地球這七個美麗的願景。象徵著具足智慧與慈悲的大佛，如何做為聯結眾生覺悟的平台？而本書第三篇，所描寫的就是大佛誕生的故事。

畫大佛，是一種修鍊的過程，不是「我畫佛」，而是「佛畫我」，必須空掉自我的執著，才能和佛的心相應來畫。如果個人能空掉自我的執著，國家能空掉國家的執著，如此，就能消弭許多災禍的源頭。

大佛就像一面鏡子，當每一個人觀看大佛時，看著佛身無執、放鬆的身形，細胞自然學習，身心就自然放鬆、放下了，更多人看到大佛，社會和諧了，地球也和平了。

人生百年幻生，而畫留千年演法。畫會活得比我久。當大佛完成之後，他會自在的開創自己的時空生命，依隨著佛陀的本願，在法界中顯現，幫助所有見聞者，圓滿幸福覺悟的人生。

未來大佛到世界各地賜福，將凝聚成千上億人的祝福祈願，

如同雪球一般，形成正念效應，讓覺性、慈悲與智慧，成為地球的
核心精神，貢獻給宇宙！

第一篇 地球七願

一、文明地球．大同

用最真誠的心念
向您發出和平的訊息
心中沒有敵者
只有真摯精純的心
至誠的向您發出　共生共榮的願望
祈願從現在直到永恆的未來

我們相互扶持
走向圓滿生命

就在當下！就在當下！
真心誠意的相互守護
這是最深的誓句
我們共創生命圓滿的願景
我守護著您
您守護著我

用最相互調和的DNA
開創出究極生命進化的旅程

一心祈請能具足歡樂與歡樂的原因
一心祈請能脫離痛苦與痛苦的原因
一心祈請能恆常安住在沒有痛苦的安樂境界
一心祈請能捨棄分別無明的心
而體悟到圓滿覺悟的平等

我們一心觀看著清淨的水
我們的心澄明如水
宛如明鏡相照一般自然清寧
在覺明的心中
我們的每一個細胞化成了透白的淨雪
無雲晴空　麗日普照
每個如雪的細胞都融化了
化成了清白純淨的心水
從心到身　淨水清流

流入了活泉、溪流
明覺的生命開始幸福歡悅的旅程
這是我們昇化了
不再悲傷只有歡喜
沒有煩擾只有一心澄靜

靜靜　流成了淨淨的大河
是心靈的大河　生命的大河　人生的大河
成了大海　安住在幸福的地球

天地伴著平潤　百草陪侍花香
清澈的藍空　是我們身淨的倒影

一心　靜心　淨心

用最深的心觀念
所有的生命永遠安住光明的幸福
願與所有的生命
共創真善美聖圓滿的新世紀
願母親地球永遠的安樂和平

二、幸福地球．喜悅

心……完全的清寧，寂淨

於是

甚深光明的喜悅

隨著朝陽輕輕的昇起

迴照著真實的心

心靜了　心明了　心淨了

心與所有的善相應

親友、善朋，乃至一切的生命

與地球母親的心　圓滿融合

於是　心廣大了
成了最圓滿的自由
那麼有力的化成了喜樂覺悟
自自然然圓滿了我們所有的生命願景

頓然放下　一心……一心
良久、良久……

不思善、不思惡、超越了所有的苦難
當下　用生命本來的面目　坦然相會
只有幸福

用最放鬆的身體、最快樂細柔的呼吸
用最最寂靜的心境，合掌祈願
母親地球永遠幸福
一切的障難都已隨風飄逝了
眼前只有唯一光明的幸福

痛苦、瞋恨　無所從來亦無所從去
歡喜、幸福、慈愛
她來了　也不再走了
這就是最後、最堅決的決定
永愛自己與所有生命
立下宇宙中無上真誠的約誓

在母親地球的幸福證明下
我們把自己交給了自己

也交付了不可違越的盟誓
與自己相愛、與自己慈愛、
與所有的生命相親相情
把至誠幸福的愛獻給　地球母親

讓自己成為真正幸福的自在
於是我們擁有了無盡慈愛的能力
不再瞋、不再恨、不再怨、不再惱
歡喜幸福是唯一的心意

大公無私的平等慈愛
如同投入宇宙大洋中的如意寶珠
一圈一圈的歡喜向外無盡迴旋
從至親到平疏乃至一切苦難的生命
正心誠意　仁民愛物　止於至聖
心永遠的慈愛
銘記在幸福的地球
行動！廿一世紀幸福的地球

三、和平地球．吉祥

歡喜吧！讓我們從敵對的煩惱中解脫
開心吧！朋友且莫排斥自己　傷害自身
在共同母親地球的擁抱下成為姊妹兄弟
對自己不要那麼的見外
無妨好好的相互照顧自己的身體、心靈
讓心平澄　呼吸快樂安詳
這就是喜樂人生的起點

完全放下　澄澄淨淨的　定

沒有對立　地球和平

吐盡敵對痛苦的懊惱　吸盡天際光明的彩虹

讓身心活成了最最晶美的彩鑽

把痛苦黑白的人生　彩繪成了喜樂的證明

我們心靈的顏色

就像鑽石的晶面

明晰的浮現所有的宇宙人生
沒有自私　只有關愛
喜愛自己　更歡喜他人
從自心最深處的喜樂中觀照
讓自己與自己的聯結成永不失散的圓

與自己永恆的和解　更關懷摯愛的人
圓與圓聯結成無終止的圓
寂寞永逝　富饒已生

摯愛的人都離了苦得了樂
所有苦難眾生的寂寞
都在一心歡喜中溫解
地球將在無邊無盡的大宇宙中
共同來圓成喜樂的生命

永遠和平　永遠和平
一心祈禱　永遠和平
一心　冥想　淨念

一心……

讓我們的心種下覺性的和平
用悟聯網相互聯結
開創出覺性的雲端
和平地球
永續人間的幸福光明

用慈悲的心　智慧的念　澄靜光明的手
送走所有苦難　讓心中最厭惡的敵人

是我們善友親朋　與我們一同欣喜快活

在地球母親的和平見證下
與所有的心靈　化成無盡的圓
開創地球時代的黃金新世紀
記錄我們的和美、光耀、悅樂
供養最最吉祥的地球母親
和平地球　地球和平
禮敬最偉大的母親

四、覺性地球．明悟

現觀澄淨　一心
光明的境　會入了圓滿澄清
豁然寂淨……
大空的身　化入了圓明無相
現前寂淨……
至柔的脈　注入了宛轉流明
如實寂淨……

最鬆的呼吸氣息　現空成明如幻
現成寂淨……
如如的心　本然是明空無念
圓滿寂淨……
就如同純金的融化一般　宛轉流明

圓滿的境　融入了大空的身
大空的身　流入了至柔的脈
至柔的脈　化成了最鬆的氣息

最鬆的氣息　現前圓成如如的心
於是一切現前的光明遍照
是我們覺悟的心

覺性的地球　光明的母親
於是宇宙現空
從燦然不可得中
化成了無比清淨光明的霓虹
就像千百億個太陽般明亮

如同水晶更加的明透
宛如彩虹般沒有實體　相互照耀
這無比自在的遍照光明
我們的心是遍照的光明
地球母親的遍照光明
全宇宙、全法界都是遍照的光明

一切吉祥圓滿　相互明照
無彼無此　同體相耀

所有人類及眾生都覺悟的圓滿合唱
成了在宇宙中最歡喜的時節
觀照本心的明悟
讓我們心中光明、平和、覺醒
體悟微妙真實的心性
用無比勇猛的自信、無畏
讓所有無知、愚痴　離開我們的心靈
把痛苦、壓力、煩惱、嫉妒
化成了喜樂、鬆柔、智慧、慈愛

來吧　覺悟者！
讓自己、摯愛、一切親友、地球人
讓無盡的生命
在自心的光明中成為永遠的喜樂覺心

在完全的覺悟中
所有光明的心念也寂滅了
過去的心、現在的心、未來的心也寂滅了
絕然的無念清淨　絕然的覺悟寂靜

只有法界與自身的光明自生自顯
圓具了永恆

無念、無依、無住的自由
讓我們只有歡喜的一心
光明的勇士　伸出我們的雙手
讓真、善、美、聖
成為覺性地球的名稱

五、圓滿地球・淨土

用平和柔軟的心
向您祈願
用溫柔謙卑的心
向您祈請
在慈悲與智慧的心靈注照下
轉化成了光明
在母親地球照拂下

讓我們自省觀照
我們昇華了生命
一連串人類的名字
在廣大的時輪中轉動
銘刻在宇宙時空的軌道

在這廣大的時空劇場
大地之母的撫育
創造出人類那麼偶然的因緣際會

現出這不可思議的情境

宇宙史正客觀的記載著這段事實
卻容我們一心的祈請
地球母親圓滿的現出清淨本貌
讓我們安住在這光明的樂土
永遠不再病痛、苦難
只有幸福的光明永續
只有安喜　不再憂傷

地球母親　您是人類的依怙
守護著人類
在生命的無盡旅程中
進化成更圓滿的生命

願您　柔和的智慧與慈悲的威力
讓人類的身體
不再受到所有地、水、火、風、空等
災難與疾病的侵擾

常保安康強健
讓人類的心靈不再驚恐　不安
永遠安住在歡喜吉祥的心境
讓人類具足無上的智慧與慈悲
昇華演化成無上圓滿的生命

就是這樣　一心的向您祈請
人間及所有世界成了幸福光明的淨土
讓我們身心完全的自由如同青空般的無障無涯

在無盡空大的宇宙
自在擘畫著生命光明願景
讓我們邀請所有的生命
共同參與這平等的大夢
我們的心是如此的平靜澄明
美麗的心夢成了幸福的美麗
自由自在成了我們的名字

我們心已成為光明自覺的智慧

如流水般不盡
自然無畏的開創人生的福祉
智慧、慈悲成了心的標幟
黑暗遠離人間地球母親
圓滿的未來世界
正等著我們降臨
讓我們安住在清淨的地球國土
光明圓滿覺悟
謝謝　母親

六、心靈地球．正念

安坐在母親地球的懷裡
本然覺醒的心自然生起
明照默然的覺念　從光明裡轉身回首
飄然現起了　了無蹤跡
那麼的寂然澄明
於是
過去心已了然的不可得

未來的心是現前的不可得
現在的心是當下的不可得
所有的妄動心意　早已會入了自然明默

輕輕把心放下　那麼全然的無念澄明
輕輕的把念放下
讓母親大地與整個宇宙融入了光明的身
身融入了脈　脈融入了呼吸
呼吸融入了心　心融入了光明的淨默

於是心完全止息了
是靜靜的　澄澄的　明淨的……
一心……
在最自在的清心中　放下一切　一切放下
連能放下的也輕輕的　全體放下
放下……到沒有了一絲一毫的罣礙
於是靜觀著朝陽的昇起
光明成了自心的唯一光景

放下身體　讓身像流水般的明淨
放出呼吸　讓呼吸如清風般的自適
放開心意　讓心靈如同妙蓮般開啟
身、息與心淨裸裸的
像千百億日的光明　如水晶般的明透
宛轉如流虹般的命入自在無實
心意自然的止息無念了
身息也安住在光明無念的心裏

默默清明的心地
如旭日飛空般宛轉明照　海印著萬丈金毫
相印相攝著無量光的心　正是真實的自心
讓心靈本靜依然本來清淨
光明的心就是光明的心

心中自然生起陣陣的歡喜、陣陣的清涼
以眼觀眼、以耳聞耳、以鼻嗅鼻、以舌嚐舌
以身觸身、以心照心，

如實的觀照我們的身、語、意行
明明白白的照出真實　生命如此永恆的美聖
全身全心如同水晶般明透相照
晴空太陽般明麗　像彩虹般清靈

用最輕快的舞姿　供養母親地球
舞出幸福的人生　我們是自心的王者
在地球母親的懷中
演出光明的心靈喜劇

七、宇宙地球・普覺

合十……一心……

向您致敬

地球母親

我們已安坐在您化成的太空船上

航向無垠的蒼穹

我們是宇宙中最自由、歡樂的遊子

用寬容、喜悅

創造幸福的人間美夢
揭開這一場宇宙中的穿越大劇
在過去、現在、未來的無時、無空中
法界雲遊
星明成瀑浪　玉波相耀
流出了銀河霄漢

心已完全澄清
無波無浪　就像明淨法界大海

迎接著覺性地球
心已無念清淨
對著宛如自心明鏡般的宇宙大海
清晰的觀照著自己的身相
自身、地球、宇宙
所有生命與存有萬相
一切平等、平等　無二、無別
所有偏執的心相已寂滅了
只有用地球最和諧的合音唱出宇宙和平的心聲

完全明覺的自身
用最最深密的智慧觀照
由在善緣中平等的喜悅
我們完全一如的相和
偏執已不再留有任何的餘地

心是那麼的澄靜歡喜
微帶一些在時空大河流動中的悲欣交集
一切是那麼的空　那麼的如

心中已無留憾的放下所有的分別
只有覺知的智慧　無盡的慈悲
道盡了所有生命的實相
用甚深的明智描寫著平等的大悲
會萬物為一體

如樂鳴空
清唱著宇宙的太古遺音
回首家園

禮敬　母親地球
在重重無盡的宇宙大海中
自在的來去

將永遠不忘您的溫暖教誨
創造宇宙和平
覺性宇宙文明將開創
生命永住幸福、圓滿覺生

第二篇　冥想・地球和平禱詞

（中文完整版）

一心……

用最幸福的心
向宇宙中最圓滿的覺悟者
那究竟光明的真諦實相
與在實相道路中前進的賢聖者

獻上至深的禮敬

祈願吉祥 喜悅 幸福的覺性光明
普照著我們的母親——地球
及所有的生命
讓一切的傷痛遠離
地球母親永遠的幸福安康
成為永續的清淨樂土
繼續撫育著所有人類及一切生命

共創光明的黃金新世紀

啊……讓覺悟的光明
點燃我們每一個人的心
如同無盡燈一般相續無盡
像千百億太陽般的相互輝映
讓所有的地震、水厄、火劫、風災、空難
及人為的所有禍害永遠消失……
讓幸福與覺悟成為我們生命中的真實

於是　當我們安住於完全快樂的喜悅
成了光明大愛的快樂典範
我們愛惜自己　更珍愛一切生命與萬物
將自己的貪心、嗔意、愚癡、
傲慢、疑忌全部丟棄
讓喜悅成為自己的唯一真心

完全放鬆
將體內所有不悅的氣息吐盡

用最舒適的心意　安詳放鬆地坐著
讓暢快的呼吸愉悅著全身
心中沒有一絲一毫的壓力
從虛空吸進彩虹般的氣息
澄淨的心靈自然生起甜美的悅樂
自我、他人、地球、一切的宇宙萬物自然和諧
從心到身都散發出快樂的光明

一心⋯

觀想自己最喜愛的人在我們的眼前
相互快樂的映照　讓喜悅無限增長
觀想著所有摯愛的人那麼的快樂
自己的快樂也無盡地增長
當我們觀想的人愈多
喜樂的力量將如同大海的漩渦般持續增強

一心⋯⋯
觀想完全陌生的人也十分的快樂

一心⋯

觀想各種種類的生命與我們同樣的喜樂

一切的萬物也與我們同喜同樂

一心⋯

放下一切的仇怨煩惱

放下一切的苦痛

啊⋯完全的和解了

讓我們的幸福力量增長

一心……
觀想所有與我們有怨仇的人
都安住於廣大圓滿的快樂境地
這甚深的和解　是一切喜樂力量的來源

一心……一心……
讓我們觀想一切的生命共同的幸福喜樂
觀想自己的親人、朋友完全的快樂
觀想自己所居住的社區、都市、

國家的人民都十分的快樂
觀想亞洲人、地球人、
乃至一切生物都十分的快樂
整個太陽系、宇宙、無量無邊的充滿了快樂
當下的喜樂導引我們現在無憂無惱、
完全的喜悅

讓我們觀察過去的心境
將我們過去的身心調和圓滿

讓我們現在的身心更加健康、幸福
更引導著我們的未來　在幸福光明
於是　當無盡的喜悅生起時
當下　我們畏懼、怨恨的心也完全消失了
每一個念頭都是無盡平等的大喜樂

嗡　這是一首宇宙的詩
一首最和諧的宇宙詩篇
當自我完全消失時　沒有敵者

就成了這首最真實的宇宙民謠
從宇宙的這一邊陲　唱到宇宙的另一邊際
和諧成了最圓滿的合音

是沒有敵者
讓自己從自心到宇宙
發出最深沉的和諧聲音
是與自心唱合　是與呼吸唱合
是與氣脈唱合　是與身體唱合

於是嗡……嗡……那美麗的合音
就唱向了每一個人的心、每一寸山河大地
就唱出地、水、火、風、空、心的宇宙和鳴
這是永遠和解的聲音
是永遠和諧的真心
是無我的唱合
用光明所交響演奏出的幸福清寧
一心……用幸福的覺心

深念祈願　和平喜樂
讓我們擁有無上光明的力量
創造世間的幸福
讓台灣、亞洲、歐洲、美洲、非洲及所有的國土
創造永續的人間和平與幸福的地球

讓我們導引著母親地球太空船
航向新的太空世紀
讓覺性成為地球的文化核心

慈悲、智慧成為母親地球的眼睛
觀照著所有的生命
淨心……淨心……
讓我們合誦著　心靈最深處的感動
永遠　無災無障的走向大覺幸福的路途
永遠　具足福貴的成就無上大覺人生
善哉！圓滿
一切都已圓滿　普願吉祥

冥想・地球和平 禱詞（中文短版）

一心……

用最幸福的心

向宇宙中最圓滿的覺悟者

獻上至深的禮敬

祈願吉祥 喜悅 幸福的覺性光明

普照著我們的地球母親 及所有的生命

讓一切的傷痛遠離
讓所有的地震、水厄、火劫、風災、空難
及人為的所有禍害永遠消失……
讓地球母親成為永續的清淨樂土
繼續撫育著所有人類及一切生命
共創光明的黃金新世紀

啊……讓覺悟的光明
點燃我們每一個人的心

像千百億太陽般的相互輝映
於是 當我們安住於完全快樂的喜悅
我們愛惜自己 更珍愛一切生命與萬物
將自己的貪心、嗔意、愚癡、
傲慢、疑忌全部丟棄
讓喜悅成為自己的唯一真心

完全放鬆
將體內所有不悅的氣息吐盡

用最舒適的心意　安詳放鬆地坐著
從心到身都散發出快樂的光明

一心……
觀想自己最摯愛的人在我們的眼前
他們那麼的快樂
自己的快樂也無盡地增長
當我們觀想的人愈多
喜樂的力量將如同大海的漩渦般持續增強

一心…
觀想完全陌生的人也十分的快樂
觀想各種種類的生命也十分的快樂
一切萬物也與我們同喜同樂

一心…
放下一切的仇怨煩惱
放下一切苦痛
啊…完全的和解了

讓我們的幸福力量增長

一心
觀想所有與我們有怨仇的人
都安住於廣大圓滿的快樂境地
這甚深的和解　是一切喜樂力量的來源

一心……一心……
觀想自己的親人、朋友完全的快樂

觀想自己所居住的社區、都市、國家的
人民都十分的快樂
觀想亞洲人、地球人、
乃至一切生物都十分的快樂
太陽系、無量無邊的宇宙充滿了快樂
每一個念頭都是無盡平等的大喜樂

嗡……
這是一首宇宙的詩

唱向了每一個人的心、
每一寸山河大地
從宇宙的這一邊陲
唱到宇宙的另一邊際
這是永遠和解的聲音
最真實的宇宙民謠

一心……

用幸福的覺心　深念祈願

讓我們擁有無上光明的力量
創造世間的幸福
讓我們導引著母親地球太空船
航向新的太空世紀
讓覺性成為地球的文化核心
慈悲、智慧成為母親地球的眼睛
觀照著所有的生命

淨心……淨心……

讓我們合誦著　心靈最深處的感動
永遠　無災無障的走向大覺幸福的路途
永遠　具足福貴的成就無上大覺人生
善哉！圓滿
一切都已圓滿　普願吉祥

Earth Peace Meditation (long version)

Concentrate...
With the happiest heart, let us pay our deepest reverence
To the fully enlightened one of the universe,
To the complete brightness of the ultimate truth,
And to the saints marching on the road to realization.

Pray for the auspicious, pleasing, and blissful light of mindfulness
To shine on our Mother Earth and all beings.
Let all the pains recede.
Let Mother Earth be happy and healthy forever.
Let it advance into a sustainable Pureland
And continue to nurture all humans and beings,
Generating a bright golden century.

Ah ... Let the awakening light ignite each heart of ours.
Illuminating one after another into endless lamps—
Like tens of billions of suns shining on each other.
Let all manmade and natural disasters of earth, water, fire and wind disappear forever...
Let happiness and enlightenment become the reality of our lives.

So when we settle down in the joy of complete felicity
And become the role model of brilliant great love,
We cherish ourselves more and cherish all life and all things.
We cast off our greed, anger, ignorance, arrogance, and suspicion.
Let bliss become our only true heart.

Relax Completely.
Exhale all the unpleasant energy in the body.

With the most comfortable mind, sit quietly and relax.
Let the pleasure of breathing run through our bodies
Without a tiny trace of pressure in our minds.
Inhale the rainbow-like air of the universe.
Bliss arises naturally inside our clear and pure spirit.
Self, others, earth, and everything in the universe are all in harmony.
The light of joy emits from our hearts and bodies.

Concentrate...
Envision the person we care for the most appearing in front of us
And sharing mutual happiness with us
Such that the joy resonates and multiplies without boundaries.
Envision our loved ones being so happy
That our happiness also grows without limit.

The more people we think of the more powerful our joy will grow,
Stronger and stronger like the whirlpool of the sea.

Concentrate...
Envision complete strangers being very happy.
Concentrate...
Envision all beings sharing the same joy with us.
Envision everything in the world sharing the same joy with us.

Concentrate...
Let go of all troubles and hatred. Let go of all pains.
Ah ... All are completely reconciled.
Let the power of our happiness grow.

Concentrate...
Envision the people we do not like

At the place of happiness and perfection.
The profound reconciliation is the source of all joy.

Concentrate... Concentrate...
Let's visualize the happiness of all beings.
Envision our families and friends being completely happy.
Envision all people in our community, our city,
and our country being very happy.
Envision all people and even all the creatures in the world being very happy.
Envision that the whole solar system and even the whole universe is filled with happiness.

The happiness of being present leads us to a state of worry-free and complete bliss.
Let us observe our past mental state

And adjust our past bodies and minds to a perfect condition.
Let our current bodies and minds be healthier and happier
And, in turn, lead us to a brighter and happier future.

The moment when the boundless joy arises,
All the fear and resentment disappear.
Every thought is the endless bliss of equality.

Om... This is a poem of the universe,
The most harmonious rhyme in the universe.
When the self disappears, no enemy can be found.
That becomes the most truthful folk song of the universe,
Which is sung from one edge of the universe to another
Blending into the most consummate harmony.

It is understanding of having no enemies
That utters the deepest melodious sound from one's heart to the

universe.
It is an ensemble with our hearts.
It is an ensemble with our breaths.
It is an ensemble with our veins.
It is an ensemble with our bodies.
Om ... Om ... Such a beautiful chorus sung to everyone's heart,
To every inch of mountains and rivers.
It is the ensemble of the earth, water, fire, air, and the heart of the universe. This is the voice of eternal reconciliation.
It is the infinite euphonious mind. It is the no-self chorus.
It is the tranquility of happiness played by the symphony of light.

Concentrate... with the awakening heart of happiness.
Let us pray for peace and joy.
Let us attain the highest positive power to create happiness for the world.

Let Taiwan, Asia, Europe, America, Africa and all the countries and continents on Earth
Be filled with sustainable peace and happiness.

Let us navigate Spaceship Mother Earth heading for the new space era.
Let consciousness become the core culture of the Earth.
Let compassion and wisdom become the eyes of Mother Earth
Looking after all beings.

Purify our hearts ... Purify our hearts ...
Let us recite with the most profound sensation of the soul.
Forever walking on the road to happiness and enlightenment without obstacles.
Forever achieving the ultimate enlightened life with prosperity.
Wonderful! Perfect! Everything is complete and auspicious.

Earth Peace Meditation (short version)

Concentrate…
With the happiest heart,
Let us pay our deepest reverence
To the fully enlightened one of the universe,
To the complete brightness of the ultimate truth,
And to the saints marching on the road to realization.

Pray for the auspicious, pleasing, and blissful light of mindfulness
To shine on our Mother Earth and all beings.
Let all the pains recede.
Let all manmade and natural disasters of earth, water,
fire and wind disappear forever...
Let happiness and enlightenment become the reality of our lives.

Let Mother Earth be happy and healthy forever.
Let it advance into a sustainable Pureland
And continue to nurture all humans and beings,
Generating a bright golden century.

Ah ... Let the awakening light
Ignite each heart of ours.
Like tens of billions of suns shining on each other.
So when we settle down in the joy of complete felicity
And become the role model of brilliant great love,
We cherish ourselves more and cherish all life and all things.
We cast off our greed, anger, ignorance, arrogance, and suspicion.
Let bliss become our only true heart.

Relax Completely.
Exhale all the unpleasant energy in the body.

With the most comfortable mind,
Sit quietly and relax.
The light of joy emits from our hearts and bodies.

Concentrate…
Envision the person we care for the most appearing in front of us
Envision our loved ones being so happy
That our happiness also grows without limit.
The more people we think of
The more powerful our joy will grow,
Stronger and stronger like the whirlpool of the sea.

Concentrate…
Envision complete strangers being very happy.
Concentrate…
Envision all beings sharing the same joy with us.

Envision everything in the world sharing the same joy with us.

Concentrate...
Let go of all troubles and hatred.
Let go of all pains.
Ah ... All are completely reconciled.
Let the power of our happiness grow.

Concentrate...
Envision the people we do not like
At the place of happiness and perfection.
The profound reconciliation is the source of all joy.
Concentrate...
Concentrate...
Let's visualize the happiness of all beings.
Envision our families and friends being completely happy.

Envision all people in our community, our city,
and our country being very happy.
Envision all people and even all the creatures in the world being very happy.
Envision that the whole solar system and even the whole universe is filled with happiness.
Every thought is the endless bliss of equality.

Om... This is a poem of the universe,
It is the ensemble of the earth, water, fire, air, and the heart of the universe.
This is the voice of eternal reconciliation.

Concentrate... with the awakening heart of happiness.
Let us pray for peace and joy.
Let us attain the highest positive power to create happiness for the

world.
Let us navigate Spaceship Mother Earth heading for the new space era.
Let consciousness become the core culture of the Earth.
Let compassion and wisdom become the eyes of Mother Earth
Looking after all beings.

Purify our hearts …
Purify our hearts …
Let us recite with the most profound sensation of the soul.
Forever walking on the road to happiness and enlightenment without obstacles.
Forever achieving the ultimate enlightened life with prosperity.
Wonderful! Perfect! Everything is complete and auspicious.

第三篇 大佛行動・覺性雲端

一、大佛之心

・永遠的和平與慈悲

二〇〇一年，巴米揚大佛被炸毀。我心中浮現一幕場景：佛陀與侍者阿難走過石窟，阿難看著殘破倒塌的大佛，停下腳，皺著眉，轉頭看看佛陀，佛陀卻是神色平靜如常，沒有停下來，一如往常，寂靜地往前走。阿難似乎想說些什麼，最後搖搖頭歎了口氣，繼續跟著佛陀走了。

這幕心景，讓我生起畫出大佛，來彰顯佛陀永遠的和平、智慧與慈悲的心念。

• 夢與蝴蝶

莊周夢蝶，我有也有一個夢，希望自己變成蝴蝶。

在「蝴蝶效應」理論中說，巴西的一隻蝴蝶輕輕搧了搧翅膀，可能造成美國的颶風。我也希望在這裡輕輕地搧起覺性之風，讓地球充滿幸福覺悟，無盡清風。

• 生命與體力

我是一個很幸運的人，其實我的生命早已應該結束了。我這輩子有十次接近死亡的經驗，一次死亡的經驗，但是我還活著。雖然我無畏於生死，但是我很珍視自己的生命，希望能留下一些作品，為人間創造更大的價值。

二〇〇七年，我畫了一張五公尺的千手觀音，比一般佛畫構圖又更加複雜，為了畫這樣的大畫，我特別設計了六公尺的畫桌。我用的畫紙是「生宣」，不同於一般「熟宣」，所以筆畫不能稍有停滯猶豫，不能接線、不能拖筆，一拖筆就暈染開了。所以，作畫也是禪定的過程。我在作畫的時候，特別是畫佛像，心念非常專注，可能一畫就是幾個小時，長時間專注地這樣作畫，對體力的耗費是極大的。

原先我計算自己體力，五十六歲時還能完成世紀大佛，年紀再大些，體力可能就不行了。現在比原計劃慢了四年，在花甲之年完成大佛，沒想到體力還能承擔這種不可思議耗費體力的大畫工程，心中充滿感恩。

・繪畫觀

《華嚴經》中說：「心如工畫師」，畫就是心，心就是畫；所以我在畫大佛的時候，其實就是一個觀想的過程，與法界實相相應的過程。我在作畫跟修法，或是說法教學，或是做任何事情，都是相同的。所以，作畫對我來講，就如同我人生的各部分，本身就是禪觀的過程、修鍊的過程。

藝術家把時空凝結在作品完成的剎那，我不是把時空凝聚在筆下，而是從作品完成之後，展開它自身的時空生命。

- **畫境：真善美聖**

究竟的美，必須來自真實的心，演化出對世間純粹的善。由真、善、美圓滿的融攝，展現出究竟的聖境。如此能幫助自己及所有的生命，讓世間更加圓滿、究竟，這才是能讓眾生幸福、健康、禪定、覺悟的藝術作品。

- **佛畫我**

畫大佛，是一種修鍊的過程，不是「我畫佛」，而是「佛畫我」，必須空掉自我的執著，才能和佛的心相應來畫。

在繪畫的過程中，我不間斷地持念佛號，祈願世間平安吉祥，觀想一切眾生安住在大佛的佛光中，圓滿成佛。在繪畫時，同時也擷取宇宙精華光明，加入顏料，融入佛身，讓有緣看到大佛的人，都能身心健康、安穩吉祥。

「鏡面神經元」理論（mirror neuron）認為，生命間具有自然相互模仿的狀態，佛陀的三十二相八十種好，是由內在圓滿的慈悲與智慧，自然外顯之相。大佛就像一面鏡子，希望每一個人觀看大佛時，看著佛身無執、放鬆的身形，細胞自然學習，身心就自然放鬆、放下了。當每個人身心的執著、煩惱不斷減少，身心放鬆、和諧，心開了，運也轉了。每一個人在家庭、公司、社會上，都成為一個個正向的能量體，在人間的每個角落發光發熱，不斷地幫助人間向上昇華。

• 地球本尊，宏觀宇宙

人類即將要進入太空世紀，地球上的生命，將和宇宙其他星球生命相接觸。未來，是「星際大戰」的時代，還是「宇宙共榮」的時代？大佛代表了地球和平、覺悟的精神。

我為大佛取名為「地球本尊」，他是一尊宇宙的佛陀，他的頂髻核心為太陽，頭光是太陽系，身光是銀河系，身外為無垠的宇宙星空。大佛站立在地球上，蓮花托著地球。我用這樣的構圖，來代表地球的覺性精神，對太陽系、銀河系，發出慈悲、智慧、和平的訊息，發出覺性的光明。

・畫的公案

我是畫的禪者，每一幅畫對我而言，都是一則公案。如何畫出讓人幸福、健康、快樂、慈悲、入定，乃至開悟的畫？曹洞宗「以境悟心」，希望一切有緣看到大佛的人，都能開悟自心，幸福圓滿。

・願力

每張畫都有他的心願。人生百年幻生，而畫留千年演法。畫會活得比我久。

大佛的心願，就是釋迦牟尼佛的心願，當大佛完成時，會自在的開創自己的時空生命，依隨著佛陀的本願，在法界中顯現，讓見者欣喜，健康覺悟。隨著在世界各國的展出，大佛將凝聚成千上億人的祝福祈願，讓地球成為最美麗的星球，在宇宙中永續航行，將覺性、智慧與慈悲，貢獻給宇宙中所有的生命！

二、大佛的誕生

二〇〇一年起，我開始構思如何完成大佛畫，而二〇〇五年的一個覺明之夢，更讓我清楚覺知如何進行大佛行動。

有一天，在似睡非睡之間，佛陀拿了一個木牌送給我，上頭刻著「麒麟」兩個字。麒麟是中國傳說中的仁獸，相傳於太平盛世或聖人出世時才會出現。孔子出生前及逝世前，都出現了麒麟。

我收下了佛陀的禮物，心想也應回贈佛陀禮物，於是也回送了佛陀一張長寬各一百公尺的大畫，佛陀也收下了。

雖然是夢中允諾，但是，已經答應佛陀的事，就要實現，因此就確定了大佛計劃的雛形。然而為了完成這個超越人類體能極限的任務，從二〇〇一年起，不斷的構思行動，我開始了長達十七年的大畫實驗。

• 世紀大佛的艱鉅工程，一路實驗，一路前進

這個不可思議的大夢，在十多年的實驗過程中，克服了無數難以想像的問題，除了歷經三代的畫布實驗，最後大佛畫的尺寸也有所調整—夢中我回贈佛陀的是一幅長寬各一百公尺的大畫，後來

由於畫作比例考量，尺寸調整為160X62.5公尺，總面積仍為一萬平方公尺，一幅畫有一甲田那麼大。(二〇一七年上修至166公尺X72.5公尺，面積十二萬平方公尺)，這幅史上最巨大的畫作，從畫布、顏料；定位、校正的人力；作畫、儲存的空間，在「前無古人」的狀態下，憑藉的只有一心精誠的願力，以我個人有限的資源，一路實驗，一路前進。

• 大佛畫布，三代演進

第一階段　世紀大佛工程，單是縫製巨型畫布，就歷時半年的時間。唯布的體量巨大，展開後變形情況嚴重，無法精確測量，以及受色等問題，無法使用。

第二階段　台灣頂尖材料學者及紡織界專家通力合作，研發出針對大佛畫傳世千年所特製，具防潮、抗濕、低變形率特點，並從瑞士進口寬幅五公尺的織布機織造而成。

第三階段　美國的力學專家加入大佛工程，以大佛布的彈性係數、密度、厚度等，進行力學計算、電腦模擬，模擬大佛完成後，懸掛時的呈現狀況。

- **人類史上最大畫作，超越三項世界記錄**

十六世紀米開朗基羅獨力完成西斯廷禮拜堂穹頂壁畫面積四百八十平方公尺，成為傳世之作，一個人獨力完成的世紀大佛，面積達十二萬平方公尺，可以說是超越人類身心極限的顛峰。世紀大佛將超越三項世界記錄：

1 世界最大的畫

2 世界最大的手繪佛畫

3 世界最大的一人創作手繪佛畫

・高科技顏料彩繪不朽佛身，萬古流芳

世紀大佛，以留存百千年構思，除了須採用完全無味無毒的特製顏料之外，在體量上也極為浩大，預計得花上一座游泳池的顏料。

・面積超過一甲田的巨幅工筆畫，精準定位，描繪莊嚴佛身

大佛畫布重達數百公斤，分裝於十五個裝有捲軸的特製木櫃中，每只木櫃重達五百公斤。做畫時將畫布慢慢捲出來，以投影機輔助定位，一個區塊畫完之後，需要四個人一起動作，將布挪動曬乾，換上空白區域再繼續畫。

・苦行作畫，但願衆生得離苦

在盛暑高溫近攝氏四十度，第一階段六百平方米的鐵皮屋畫室猶如火爐，第二階段在桃園大園廠房凜冽的寒冬中，握著碩長的畫筆，經常一天站著作畫超過八小時到十二小時，持續不斷地持誦著佛陀的心咒。汗水濕了衣服，也滴上了畫布。願此身心奉塵剎，上報佛恩、衆生恩、父母恩，及國土恩。

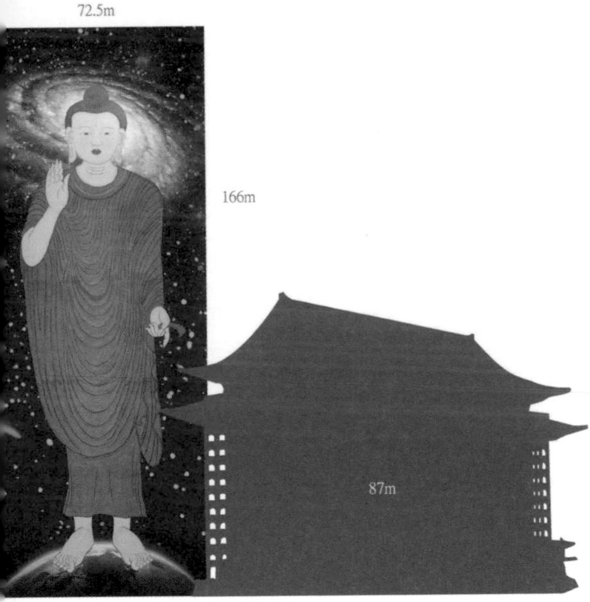

世紀大佛　　臺北圓山飯店

人類史上最大畫作

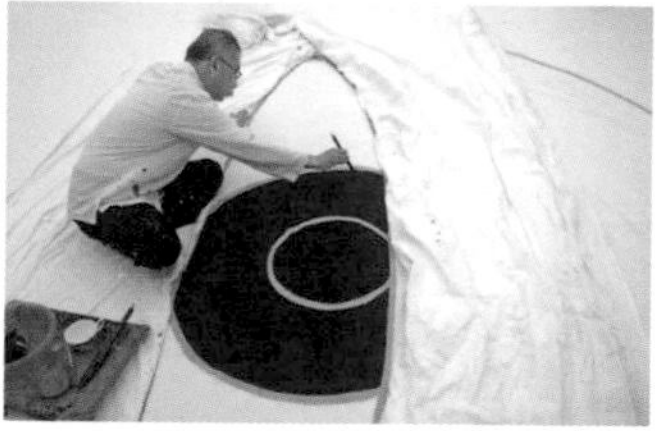

尺寸：166 公尺（高）X72.5 公尺（寬）

= 圓山飯店兩倍高

面積：10,000 平方公尺 = 1 甲地

= 24 座籃球場

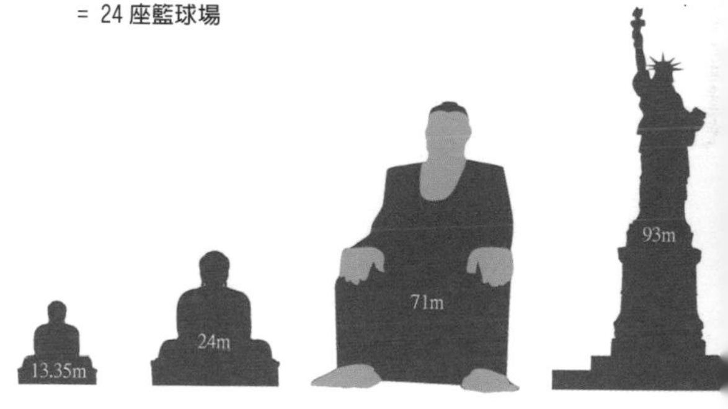

2017 年 1 月，世紀大佛於桃園巨蛋體育館，
舉行描金開筆大典暨全圖校正。攝影 Kelvin Chen

2018 年 5 月，世紀大佛全畫完成後，將於台灣高雄展覽館舉行首展，面積達 12,000 平方公尺，重量將近 10 公噸的世紀大佛畫，將以懸吊於展館穹頂的獨特方式展出。（展出示意圖）

• 世紀大佛聖地巡禮足跡

01 印度—佛陀成道地菩提伽耶
02 印度—佛陀初轉法輪聖地鹿野苑
03 印度—佛陀講經聖地靈鷲山
04 世界文化遺產雲岡石窟
05 五台山—文殊菩薩聖地
06 尼泊爾—蘇瓦揚布大佛塔（四眼天神廟）
07 不丹—幸福之地

05 攝影 王文徽

01

06

04 攝影 王文徽

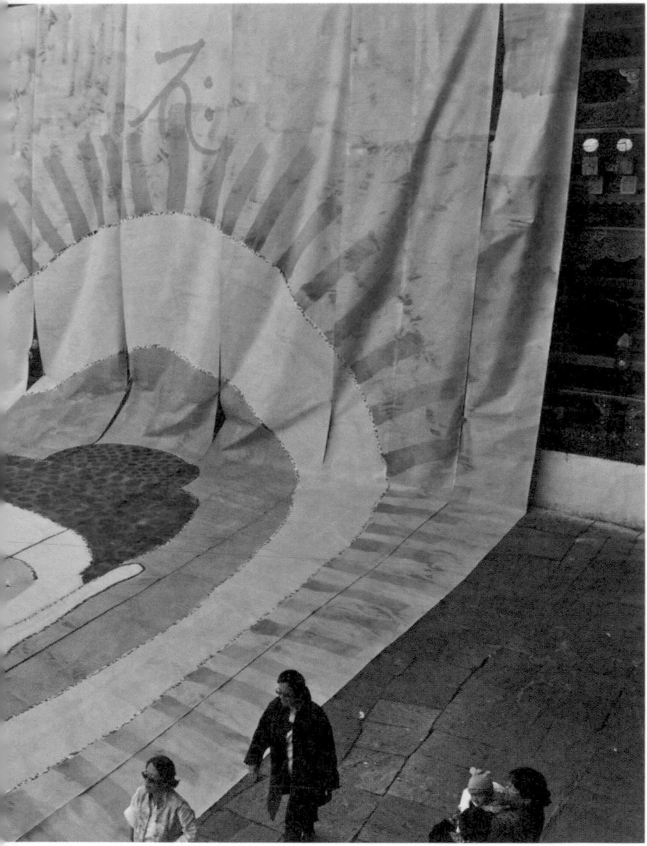

07 攝影 陳昭義

跋 大佛的心願

世紀大佛完成後，未來將到世界各地賜福，展開「淨土地球之旅」，所有看到大佛的人，所生起的清淨善願，都會隨著大佛到世界各地為人們祈願祝福。

大佛所到之處，也會不斷募集每一個人的善願，加入「大佛心願」，把台灣的祝福帶出去，把世界的祝福帶回來，用善願來改變世界！

大佛是覺悟眾生、幸福地球的平台，祈願從大佛的心願出生，創造更多幸福地球的運動。正如同〈冥想・地球和平〉無國界和平運動，祈願從台灣開始，每個人在地球上的每一個地方，不斷地散發覺悟自心、和平地球的正念，永續地幫助人間向上昇華，讓美麗的地球太空船在銀河中航行，開啓覺性的太空世紀！

世紀大佛官網

作者簡介

地球禪者洪啓嵩，為國際知名禪學大師。年幼深感生死無常，十歲起參學各派禪法，尋求生命昇華超越之道。二十歲開始教授禪定，海內外從學者無數。

其一生修持、講學、著述不綴，足跡遍佈全球。除應邀於台灣政府機關及大學、企業講學，並應邀至美國哈佛大學、麻省理工學院、俄亥俄大學，中國北京、人民、清華大學，上海師範大學、復旦大學等世界知名學府演講。並於印度菩提伽耶、美國佛教會、麻州佛教會、大同雲岡石窟等地，講學及主持禪七。

畢生致力以禪推展人類普遍之覺性運動，開啓覺性地球，2009 與 2010 年分別獲舊金山市政府、不丹王國頒發榮譽狀，於 2018 年完成歷時十七年籌備的史上最大佛畫─世紀大佛（166 公尺 X72.5 公尺），在藝術成就上，被譽為「二十一世紀的米開朗基羅」，在修證成就上，被譽為「當代空海」，為集禪學、藝術與著述為一身之大家。

歷年來在大小乘禪法、顯密教禪法、南傳北傳禪法、教下與宗門禪法、漢藏佛學禪法等均有深入與系統講授。著有《禪觀秘要》、《大悲如幻三昧》等〈高階禪觀系列〉及《現觀中脈實相成就》、《智慧成就拙火瑜伽》等〈密乘寶海系列〉，著述超過二百部。

虹彩光音06《冥想・地球和平 心詩》
作　　者　洪啓嵩
封面題字　洪啓嵩
執行編輯　蕭婉甄、莊涵甄
美術設計　吳霈媜、張育甄
英　　譯　龔思維
出　　版　全佛文化事業有限公司 www.buddhall.com
訂購專線：(02)2913-2199 傳真專線：(02)2913-3693
匯款帳號：3199717004240 合作金庫銀行大坪林分行
戶　　名：全佛文化事業有限公司
E-mail:buddhall@ms7.hinet.net
門　　市　覺性會館・心茶堂
新北市新店區民權路95號4樓之1 (02)2219-8189
行銷代理　紅螞蟻圖書有限公司
台北市內湖區舊宗路二段121巷19號 (02)2795-3656

初版一刷　二〇一八年二月
精裝定價　新台幣二八〇元
ISBN 978-986-96138-0-4（精裝）

ISBN 978-986-96138-0-4
9 789869 613804
NT$280

國家圖書館出版品預行編目 (CIP) 資料

冥想 . 地球和平 心詩 / 洪啟嵩作 . --
初版 . -- 新北市 : 全佛文化 , 2018.02
面 ;　公分 . -- (虹彩光音 ; 6)
ISBN 978-986-96138-0-4(精裝)
224.513　　107001445